EL LENGUAJE DE LA VIDA

Si este libro le ha interesado y desea que lo mantengamos in-
formado de nuestras publicaciones, escríbanos indicándonos
cuáles son los temas de su interés (Autoayuda, Espiritualidad,
Qigong, Naturismo, Enigmas, Terapias Energéticas, Psicología
práctica, Tradición...) y gustosamente lo complaceremos.

Puede contactar con nosotros en
comunicación@editorialsirio.com

Diseño de portada: Editorial Sirio, S.A.
Ilustración de portada: Cayetano Arroyo

© de la presente edición
  EDITORIAL SIRIO, S.A.   **EDITORIAL SIRIO**   **ED. SIRIO ARGENTINA**
  C/ Rosa de los Vientos, 64   Nirvana Libros S.A. de C.V.   C/ Paracas 59
  Pol. Ind. El Viso   Camino a Minas, 501   1275- Capital Federal
  29006-Málaga   Bodega nº 8,   Buenos Aires
  España   Col. Lomas de Becerra   (Argentina)
                               Del.: Alvaro Obregón
                               México D.F., 01280

www.editorialsirio.com
E-Mail: sirio@editorialsirio.com

I.S.B.N.: 978-84-7808-432-6
Depósito Legal: MA-2373-2012

Impreso en Imagraf

Printed in Spain

CAYETANO
ARROYO

EL LENGUAJE
DE LA VIDA

editorial **S**irio

Hubo un tiempo oscuro sobre la Tierra, alrededor de los siglos XX y XXI, en que los hombres olvidaron El Lenguaje de los Pájaros, con el que se entendían con todo cuanto existía a través de las diferentes formas… y esa época fue de oscuridad y violencia sobre la Tierra.

Y el jazmín, callado y quieto en el rincón del jardín, envuelto en su perfume, se acerca a mi corazón y me susurra palabras de ternura, y me llega hasta la sangre a través de la nariz, y me dice:

Acércate y dame el calor de tu presencia, háblame con palabras de alegría que me conforten, porque mi corazón está cansado de dar flores que en este mundo permanecen sólo un momento, porque aún no hay amor que las mantenga ni las haga cada vez más blancas y limpias.

Acércate y une tu silencio al mío y andemos por las veredas del Tiempo buscando el reflejo del Amanecer.

L e decía una hoja a una flor:

Ayer, cuando apenas era un niño en las manos de la vida, aún andaba dentro de mis sueños y jugaba contigo como algo íntimo y mío. Hoy, tú ya has crecido y me has ocupado por entero y yo voy como dormida dentro de ti. Te observo eterna mientras yo soy tan pasajera como una hoja. Te miro y me veo realizada por encima de todos los tiempos que están en mí y fuera de mí. Te oigo y escucho el mundo de donde somos, que está más allá de este mundo. Mi eterna compañera, te quiero.

He visto cómo las damas de noche llenan con su aliento los sueños del jardín.

He oído cómo entre sus flores componen una melodía de aromas que siembran el aire de música.

¡Cuántas veces me gustaría subir hasta el nivel donde puedo entenderlas y compartir su mundo… y estrecharlas dentro de mi espíritu y el de mi amada… y llevarlas para que también crezcan en el jardín de nuestro corazón donde tan solo estamos ella y yo!

Le dijo el sauce al chopo:

¿Qué buscas al estirarte hacia arriba? ¿Qué esperas acariciar entre tus ramas?
Cualquiera diría, por tu decisión, que sabes lo que buscas y vas decidido a encontrarlo.
En cambio, yo, apenas intento elevar mis ramas, se arquean y caen perezosas para mirar hacia la tierra.

Y el chopo le respondió:

Mi hermano, lo que busco no lo encuentro siendo como soy, sino por lo que soy. No esperes encontrar más arriba lo que no encuentras dentro de ti, donde la raíz y la rama son una sola cosa.

El ciprés le dijo al junco:

¿Cómo puedes encontrarte en ti mismo y tener una sola tendencia y una sola dirección?

Y el junco le contestó:

Cada rama en ti es como yo mismo y no se contradice; pero, cuando una a otra se miran dentro de ti, cada una de ellas cree que es la única en haber encontrado el sol.

L e dijo el río al chopo:

¿Cómo puedes estar quieto y así esperar que el tiempo pode tu vida?
Fíjate en mí, que poseo mil rostros y que en cada momento estoy cambiando.

Y el chopo le respondió con su voz honda y poderosa:

Sin embargo, mi reflejo sobre ti no se aleja nunca.

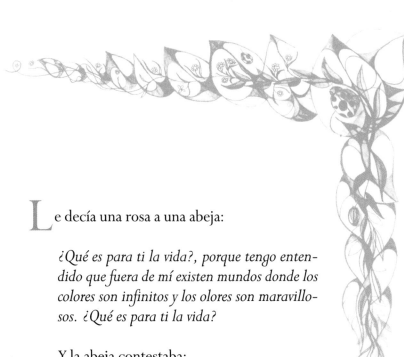

L e decía una rosa a una abeja:

¿Qué es para ti la vida?, porque tengo enten-
dido que fuera de mí existen mundos donde los
colores son infinitos y los olores son maravillo-
sos. ¿Qué es para ti la vida?

Y la abeja contestaba:

Cuando me acerco a ti, veo que tú eres la vida
y cuando voy a otras partes siento allí la vida.
Me pregunto: ¿no seré yo la vida que va con-
migo a todas partes?

Estaban discutiendo una rana con otra, porque una decía:

La vida está en nuestros ojos.
Y la otra le contestaba:
La vida está fuera de nuestras miradas.

Y la primera, tapándole los ojos a la segunda, le decía:

¿Ves? Ahora se ha ido la vida de ti.

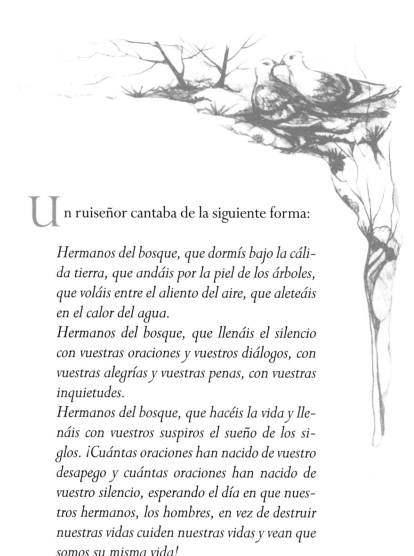

U n ruiseñor cantaba de la siguiente forma:

Hermanos del bosque, que dormís bajo la cálida tierra, que andáis por la piel de los árboles, que voláis entre el aliento del aire, que aleteáis en el calor del agua.

Hermanos del bosque, que llenáis el silencio con vuestras oraciones y vuestros diálogos, con vuestras alegrías y vuestras penas, con vuestras inquietudes.

Hermanos del bosque, que hacéis la vida y llenáis con vuestros suspiros el sueño de los siglos. ¡Cuántas oraciones han nacido de vuestro desapego y cuántas oraciones han nacido de vuestro silencio, esperando el día en que nuestros hermanos, los hombres, en vez de destruir nuestras vidas cuiden nuestras vidas y vean que somos su misma vida!

Una lechuza muy anciana así le hablaba a otra, mientras la luna se paseaba por el cielo acompañada de las estrellas:

¿Seremos una parte de la vida que se mira a sí misma para comprenderse? Por el contrario, ¿seremos verdaderamente seres que venimos de las estrellas y nos gusta vestirnos con la piel de esta materia y jugar a través de ella para conocernos? ¡Cuando cierro los ojos, soy tan nada y, cuando los abro, soy tan poco! Cuando pienso, llego tan lejos y, cuando amo, abarco tanto y, sin embargo, más allá de la sensación de mi pecho, ¿qué habrá que no logro atraparlo y retenerlo en tan solo un instante de certeza?

Y la otra lechuza respondió:

¿Cómo es que caben tantos pensamientos en tu cabeza y tantas preguntas se esconden entre sus rincones? Mira a la noche, porque tan solo ahora sabemos que estamos siendo.

Y un pequeño gorrión le decía a su madre:

¿Sabes? Te doy las gracias a ti, dadora de mis días, porque me has permitido contemplar la belleza de este entorno y porque me has enseñado a volar más allá del nido, hasta llegar a mis sueños.

¿Sabes? Te doy las gracias, porque has llenado mi corazón de ilusiones y me has enseñado a hablar con todos nuestros hermanos del bosque y me has enseñado a adentrarme en el aura de los árboles y a servirlos y a amarlos. Y me has enseñado a respetar y pedir perdón cuando, guiado por la Mano de la Vida, debo librar el espíritu de estos seres que me ofrecen su cuerpo por alimento. Ayúdame a ser diestro para que, cuando los libere, no sufran el momento en que salen del cuerpo que ocupan para volar con otras alas que son más sutiles y blancas que las mías.

¿Sabes? Te doy las gracias, a ti, dadora de esta vida que ahora emprendo, porque tú diste calor al huevo donde formé mi cuerpo y después

lo alimentaste hasta que yo aprendí a hacerlo. Este aliento de vida que he recibido a través de ti yo lo transmitiré a mis hijos y así continuaremos la cadena de la vida que, a través de nosotros, se hace pequeña y bella, inquieta y graciosa... se hace alada.

EL LENGUAJE DE LA VIDA

L e decía un águila a otra:

Cuando miro el vuelo del espíritu, me extasío entre sus bellezas y mi vuelo me parece burdo y pesado.

Cuando veo cómo sube sin esfuerzo por los caminos de luz buscando la Llama Viva del Conocimiento y el Agua Viva de la Sabiduría, comprendo lo vano de nuestro vuelo, cuando nos adentramos en los torbellinos del aire para mirar desde arriba la piel del valle y, entre sus pliegues, buscar el alimento. Mira que es más rápido que el vuelo del halcón y más limpio que el vuelo del buitre y más majestuoso y sereno que el vuelo del mismo cóndor.

La abubilla, que es el rey de los pájaros, un día se encontró con un águila y le dijo:

Debes saber mucho, porque tus maestros son las montañas y los lugares desde donde todo se domina. ¿Cómo te habla el viento y qué te enseña, cómo te habla allí el cielo y cómo te habla el agua y la tierra? Háblame de tu mundo, aquel que encierras en tu corazón y que sólo tú puedes mirar cuando te adentras en ti.

Y el águila se posó a su lado y así le hablaba:

Hermana abubilla, tu sabiduría y tu humildad te hacen realmente reina de las aves, porque aprender a tratar a todas las aves que pueblan el cielo es ciertamente el mayor arte, y aprender a dialogar con ellas sin herirlas ciertamente es la culminación de este arte.
Tú conoces desde las aves que pueblan los valles más ocultos al sol hasta las que pueblan las alturas inaccesibles, donde sólo mora la soledad, y todas te hablan de sus particularidades. Así yo deseo ahora hacerlo de las nuestras: he

descubierto, amada hermana, que el poder no está en verlo todo desde arriba, sino en saber, estando arriba, ser abajo y estando abajo ser arriba. Cuando me acerco a alguien huye de mí como huye de la muerte; no sabe que le traigo la liberación y el descanso y el vuelo con el pensamiento.

Admiro profundamente a los seres pequeños, porque veo en ellos el recogimiento. Amo profundamente a los seres tranquilos, porque veo en ellos el equilibrio. Siento profundamente al mundo de las flores, porque decoran nuestras incertidumbres y cubren con su perfume los olores desagradables de la existencia.

Veo que mi vehículo me aleja de muchos seres de mi propia familia y a veces desearía desprenderme de él y salir a abrazarlos para que comprendieran que lo que necesita mi vehículo para mantenerse en la existencia no lo necesito yo.

Así hablaban dos rosas. Una le decía a otra:

He llegado a comprender que soy "lo que sé que soy". Tú, que me ves desde fuera, ¿qué ves de mí y que apariencia exteriorizo?

La otra le respondió:

Aunque las dos somos rosas, estoy tan distante de ti como lo estoy de comprenderme en todas mis dudas y, si te digo algo, no es sino algo mío que deposito en ti; pero sigue tan alejado de ti como yo misma.

Mirando un chopo a un río, meditaba así:

¡Cuántas apariencias toma el Agua Viva antes de ser bebida por los labios del Ansia!
¡Cuántas veces viene a nosotros en un vaso de arcilla y cuántas otras se presenta envuelta en formas que no deseamos!
Desde aquí la vista a veces nos aleja de ella. Por eso es mejor buscarla en el corazón.

¿Qué es más importante —le preguntó un zorro joven a uno anciano— aprender a vivir o aprender a morir?

El zorro anciano se le quedó mirando y le contestó:

> *La vida y la muerte son dos cosas que no te pertenecen. Saber vivir es lo más fácil del mundo para la propia vida. Saber morir es lo más fácil del mundo para la propia muerte. Tú simplemente eres un espectador, a veces eres tan ignorante como para creerte que puedes cambiar algo.*

Un búho hablaba así a un grupo de pájaros nocturnos que todas las noches acudían a sus tertulias:

> *¿Por qué la vida nos sumerge en tan cortos horizontes? ¿Por qué nunca terminamos de comprender a la propia vida que nos rodea? ¿Por qué, en ciertas cuestiones, el ahondar es como asomarnos a un pozo ciego, donde cada vez vemos más oscuridad? ¿Qué nos quiere decir todo esto?*

Así habló y después guardó silencio como reflexionando y como triste, porque era un gran peso de dudas el que sentía en la cabeza.

Una lechuza le contestó:

> *Esas preguntas creo que nos las hemos planteado todos los que de alguna forma sentimos conscientemente las palpitaciones de la vida; pero son tan hondas que siempre nos perdemos antes de completarlas en nuestro interior. Yo diría: ¿qué es lo que en nosotros se hace estas preguntas? ¿Qué es lo que en nosotros necesita*

responderse, cuando la única respuesta a qué
es la vida es vivirla, serla?

Y otra habló así:

Pero todos sabemos que nuestro mundo empieza cuando termina otro que no conocemos y que es contrario a este. Existen leyendas que hablan de él e incluso algunos se han aventurado en él y se vuelven ciegos y locos. Dicen que posee una luz tan potente como mil veces la luz que posee el nuestro y que todo vibra de otra forma. Tal vez en él esté la respuesta a nuestras preguntas. Yo sugiero que, cuando llegue el momento de nuestro sueño, nos quedemos contra nuestra voluntad todos despiertos y tratemos de adentrarnos conscientemente en ese mundo para ver qué ocurre.

Aquella idea fue inmediatamente aceptada como la más original y apropiada, y decidieron hacerlo estableciendo turno por si alguno se quedaba dormido.

Y cuando las penumbras de la noche se fueron disipando y empezó a aparecer la aurora iban viendo las mismas cosas cada vez con los ojos más cerrados. Y hubo un momento que con los ojos cerrados vieron las mismas cosas; pero después no pudieron resistir y el sueño los devolvió a su mundo.

Una rana se montó encima de una tortuga y así iban hablando:
Decía la rana:

¿Cómo es posible que te tomes la vida con tanta tranquilidad? ¿Cómo es posible que andes tan despacio?

Y la tortuga le respondió:

No es el tiempo que tardas lo que cuenta, sino lo que has aprendido al llegar.
Tú vas saltando a todas partes, ¿pero qué has vivido de todo cuanto atraviesas en tu camino?
No estás en ninguna parte, aunque vayas a todas. Yo, sin embargo, estoy donde estoy y el camino que recorro nunca más lo olvido ni lo he de volver a andar.

Una noche de luna llena le dijo un zorro a un perro vagabundo:

Si lo deseas, puedes venir conmigo a buscar alimento para satisfacer nuestra hambre.

El perro, que tenía muchas ganas de comer, decidió acompañarlo.

Era como media noche cuando llegaron a un gallinero donde cazaron dos buenas gallinas y estaban comiéndolas, cuando el zorro dijo filosofando:

Bien hiciste en dejar la compañía de los hombres y vivir por tu cuenta.

El perro, entre bocado y bocado, le respondió:

No sabes lo que hecho de menos la comodidad de dármelo todo hecho a cambio de estar amarrado. Ahora estoy suelto, pero tengo yo que buscarlo todo. Antes me obligaban a hacer lo que mi dueño deseaba, ahora me obliga a hacerlo el hambre, que es peor dueño.

Un burro se encontró con otro burro, ya muy viejo y que apenas podía andar. El burro joven se acercó y le dijo:

Mi abuelo, ¿qué se siente cuando el peso de los años se sienta sobre nuestros lomos y cabalga sobre nosotros sin dejar apenas un momento de respiro?

Y el burro anciano le contestó:

¿Para qué deseas comprender algo que ahora te sonaría a simpleza? Algún día lo comprobarás por ti mismo, porque el cuerpo es algo que no perdona y saltar sobre el tiempo es imposible.

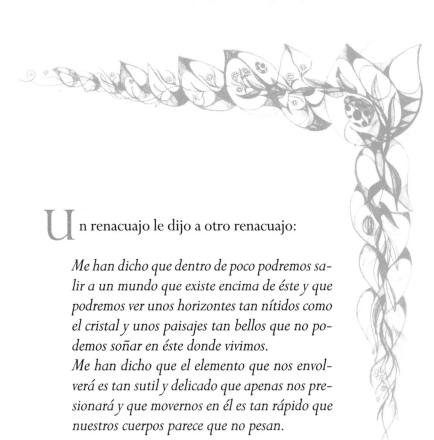

Un renacuajo le dijo a otro renacuajo:

Me han dicho que dentro de poco podremos salir a un mundo que existe encima de éste y que podremos ver unos horizontes tan nítidos como el cristal y unos paisajes tan bellos que no podemos soñar en éste donde vivimos.
Me han dicho que el elemento que nos envolverá es tan sutil y delicado que apenas nos presionará y que movernos en él es tan rápido que nuestros cuerpos parece que no pesan.

Y el otro renacuajo le respondió:

Eso son cosas fantásticas que tan sólo existen en la mente de algunos de nuestros mayores.

Y se alejó.

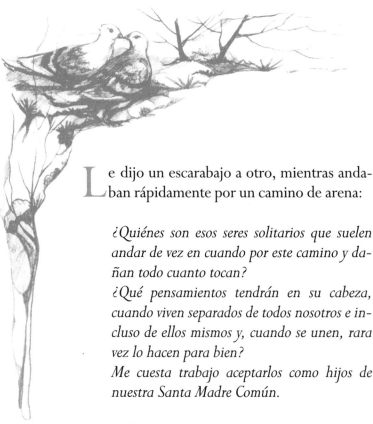

Le dijo un escarabajo a otro, mientras andaban rápidamente por un camino de arena:

¿Quiénes son esos seres solitarios que suelen andar de vez en cuando por este camino y dañan todo cuanto tocan?

¿Qué pensamientos tendrán en su cabeza, cuando viven separados de todos nosotros e incluso de ellos mismos y, cuando se unen, rara vez lo hacen para bien?

Me cuesta trabajo aceptarlos como hijos de nuestra Santa Madre Común.

Y el otro respondió:

Esos seres se llaman a sí mismos "hombres", y se parecen mucho a nuestras hermanas las termitas. De ellos circulan muchas leyendas e historias. Dicen que donde viven nunca más nace la hermana hierba, el hermano aire está allí maltratado por gases extraños y la hermana agua pierde su transparencia por hacerse sucia

y maloliente. Me han dicho que pueden andar sin pies y que pueden volar sin alas; pero que, sin embargo, no saben dónde está su corazón ni cómo encender la Llama Viva en el altar de su pecho.

Y así hablaba una alondra:

¿Dónde estás tú, mi añorada mañana? Te busco sin cesar tras la cortina de oscuridad que cubre el cielo, y te siento sin cesar en el latido de las estrellas. Te espero para que enciendas la mirada en mis ojos y para que llenes de alegría mis alas. Cuando vengas hasta mí, lentamente, bordeando la silueta quieta de las montañas, y bajes desde la copa de los árboles cubriéndolos de mil colores, yo estaré esperándote y en ti podré reconocerme al mirarme en el cristal del aire y entre los reflejos del agua. Entre tus manos transparentes me abandono para que limpies mis plumas y las peines con el tiempo de un nuevo día.
¿Dónde estás tú, mi añorada mañana?

Decía una alondra a un jilguero:

¿Qué será lo que existe más allá del bosque donde nosotros hacemos nuestras vidas? ¿Qué habrá después del vuelo más extenso, más allá de los últimos árboles?

Y el jilguero le respondió:

Más allá está el reino de los hombres, los que comen vida y crecen destruyendo, los que no escuchan el latido del corazón de la vida armónica, los que esclavizan nuestro canto y ponen límite a lo que no les pertenece, los que andan sin ir, los que, cuando cantan, no dicen nada y, cuando lloran, sólo lo hacen con los ojos, los que se sienten dueños de todo, simplemente porque no pueden poseer nada, ya que no son conscientes de su eternidad. Los que han perdido su memoria y han olvidado cuál es su verdadera función para con todos nosotros.

Y la alondra se puso pensativo y triste, y dijo:

Pero esos hombres tendrán una etapa en que son aún pequeños y cercanos a nosotros y, en ese estado, nos entenderán, vibrarán con nosotros y vendrán a nuestro mundo.

Y el jilguero le respondió:

Si al menos, los dejaran volar con nosotros, si los dejaran venir a nuestro mundo, tal vez algún día cambiarían ellos a todos los demás; pero, desde pequeños, les hacen hostil la existencia y desde pequeños siembran en ellos la desconfianza y la incertidumbre. Hacen de sus corazones cuevas oscuras, en vez de cumbres soleadas. Hacen de sus vidas caminos vacíos en vez de serpenteantes veredas donde el perfume de las flores y la belleza de los árboles insten a la creatividad y a la realización interna.

Le dijo un zorro, que tenía mucha hambre, a una gallina:

La mano de la vida te ha colocado ante mí para calmar los aullidos de mi estómago. ¿Tú que piensas?

Y la gallina le contestó:

Poco me deja pensar la mano de la vida en estas circunstancias. Es curioso cómo la misma vida a ti te alegra con mi pena. Tú has hecho una filosofía que justifica mi muerte y yo he creado una filosofía que justifica mi sufrimiento.

Andaba un día muy pensativo un ciempiés y se decía:

¿Cómo mis pies pueden moverse tan perfectamente que no me estorban? ¿Qué fuerza, por encima de mi consciencia, hace que estos movimientos sean tan perfectos?

Y dicho esto intentó mover uno de sus pies con su propia consciencia. A partir de aquel día nunca más volvió a andar.

Un escarabajo se quejaba de haber nacido escarabajo y le decía a otro que era muy buen amigo suyo:

En un momento de este Gran Tiempo que envuelve a la vida me di cuenta de que estaba. En otro momento me di cuenta de que era lo que era. Y ahora me pregunto por qué soy esto y no otra cosa. Y lo que se pregunta esto en mí está tan pegado a esto que ocupo que no puede dejarlo ni por un momento para ser otra cosa.

Y el otro escarabajo le respondió:

Esto te ocurre porque te planteas la posibilidad de ser otra cosa, sin sacarle el máximo partido a ésta que eres. Pienso que si te cansas de ser como eres es porque no eres consciente de la riqueza de matices que te envuelve, ni miras por un momento la utilidad que tienes siendo lo que eres para que el Gran Mundo continúe funcionando.

Un jilguero se sentía muy solo porque su compañera había muerto cuando atravesaba una carretera hecha por los hombres, a causa de un vehículo también hecho por los hombres. Y, mientras estaba junto a su cuerpo atrozmente mutilado, meditaba así:

¿Qué ha venido a ti, amada mía, que ha roto tu contacto conmigo y ha enmudecido tu vibrar y tu alegría? ¿Qué mano oscura y oculta me ha robado para siempre tu canto y ha envuelto mis días y mis noches en una prolongada ausencia de ti? Es algo tan grande el que te me roben que no tengo lágrimas suficientes para calmar mi pena.

¿Qué será ahora de nuestros paseos entre las olas del aire y cómo llenaré tu ausencia en nuestro nido? ¿Qué haré hasta que la mano que hoy te lleva de mí me lleve también a mí a tu lado, al mundo donde están nuestros antepasados y donde no existe la muerte?

Así hablaba un torrente a un pequeño charco de agua al pasar a su lado:

¿No existe en ti el deseo de unirte con el Todo Gran Mar y fundirte en él con todo el todo de ti? ¿Cómo es posible que no te plantees ir hacia él de cualquier forma? No comprendo tu pasividad. Mírame a mí, impetuoso y rápido buscándolo.

Y el charco le dijo:

Sólo espero que el calor del Amor del Sol me libere y me eleve y, hecho vapor, me pueda deslizar en el cielo y la mano del viento amiga me acerque a un lugar donde al caer tome impulso para llegar hasta el Gran Mar. Tan sólo espero la muerte de la transformación para llegar. Solo eso espero.

*¡H*ola! –le dijo un niño a una abeja–. *¿Cómo puedes saber hacer la miel siendo tan pequeña?*

Y la abeja respondió:

La miel no nace de saberla hacer, sino de sentirla.

Un niño, que jugaba en un jardín, le preguntó a una hormiga:

¡Hola, hija de la tierra! ¿Qué ocurre cuando uno de mis semejantes mata a una de vosotras?

Y la hormiga le respondió:

Cuando una de nuestras partes muere, todo yo, que soy el hormiguero, me conmociono; pero continuo trabajando y viviendo. Imagínate que a ti te cortan un dedo. Tus otras partes continuarían vivas y tu dedo continuaría siendo en ti.

U na paloma blanca le decía a otra:

Tengo entendido que, entre los seres humanos, tenemos forma de traerles mala suerte, cuando sobre sus casas hacemos nuestros nidos y fundamos nuestro hogar.

Y la otra contestó:

¡Pobres seres humanos! Son ellos los que, cuando fundan sus hogares en un lugar, traen mala suerte a él y cubren la piel de nuestra Santa Madre Naturaleza con una costra de muerte. ¡Pobres seres humanos!

Un rayo de color azul se encontró sobre la superficie de una gota con un rayo de color rojo.

El rayo azul le dijo al rojo:

¡Qué bello eres y qué distinto a mí! Veo que encierras todo el calor del mundo y toda la fuerza. ¿De dónde vienes?

Y el rayo rojo le contestó al azul:

Tú si que eres bello y distinto a mí. Eres como el lejano infinito y eres como un frío que acoge, como algo que es la Eternidad.
Ven, acerquémonos a esta gota de agua y fundámonos para ver qué nace de nosotros.

Y se acercaron tanto que fueron uno solo y aquella gota de agua se volvió violeta.

Le decía un mosquito a otro mosquito:

Ven y vayamos allá abajo y tomemos la miel que corre por dentro de aquel universo.

Y el otro mosquito le dijo:

Pero tengamos cuidado porque más de uno de nuestros hermanos han encontrado misteriosamente la muerte mientras la saboreaban.

El primero le contestó:

¡Es tan delicioso introducir la trompa por un poro y llenar nuestra necesidad y ésta es tan pequeña en comparación a la cantidad que hay! Aunque algunos de nuestros hermanos chupan y chupan hasta apenas poder levantar el vuelo y muchos se dejan llevar por el dulzor y se olvidan de que están ante un gran peligro, yo, sin embargo, voy, tomo una pequeña parte

y me vuelvo a este mundo maravilloso en que vivimos, y continuo contemplándolo y apren-diendo de él. Vamos… a tomar un poco de esa miel.

Y dicho esto, los dos volaron desde el techo hasta el brazo de una persona.

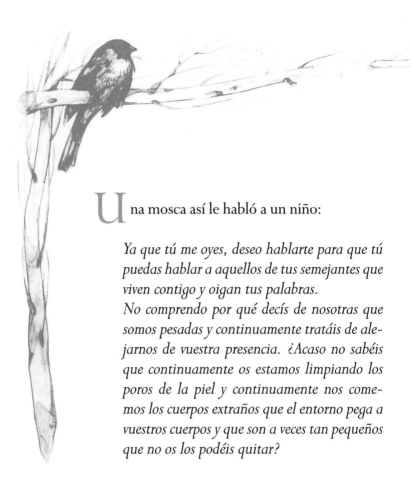

U na mosca así le habló a un niño:

Ya que tú me oyes, deseo hablarte para que tú puedas hablar a aquellos de tus semejantes que viven contigo y oigan tus palabras.

No comprendo por qué decís de nosotras que somos pesadas y continuamente tratáis de alejarnos de vuestra presencia. ¿Acaso no sabéis que continuamente os estamos limpiando los poros de la piel y continuamente nos comemos los cuerpos extraños que el entorno pega a vuestros cuerpos y que son a veces tan pequeños que no os los podéis quitar?

Así cantaba un escarabajo a la Madre Tierra:

¡Oh tú, Amada Madre, que humildemente nos cobijas y nos nutres, dándonos todo sin pedirnos nada. Tan sólo con restituir a ti nuestros desechos, tan sólo con devolverte un día este cuerpo que tú nos prestaste para andarte, para verte y alabarte por tu belleza y tus dones, ya te sientes llena y contenta.

Que tu vida nos penetre al máximo y seamos prolongaciones de ti hacia el Gran Espíritu que todo lo alienta y lo vivifica. En todos nosotros Él se funde contigo y, en nosotros Tú y Él creáis el canto de la vida, que va más allá de todas las palabras y de todas las explicaciones.

L e dijo un pensamiento a otro:

Ven y adentrémonos en aquel ser que se ha parado frente a nosotros. La textura de su mente es acorde con nuestra vibración y a lo mejor encontramos en su mundo pensamientos hermosos.

Y llegaron y se dieron a comer. Y el ser empezó a masticarlos y a saborearlos en ese momento y después los digirió, haciéndolos suyos.

Una gota de agua decidió apartarse de la corriente, donde era una con todas sus hermanas, y, aprovechando que un niño introducía sus dedos en el río, se fue pegada a uno de sus dedos.

Y fue, desde ese momento, sintiendo sensaciones, no todas agradables. Del dedo pasó a un pañuelo donde casi se diluye entre el tejido. De allí la introdujeron en un lugar oscuro, donde la apartaron del contacto con el Sol. Y así estuvo mucho tiempo, hasta que las manos amigas del calor lograron hacerla vapor y elevarse por encima de las circunstancias y, en el aire, se unió a otras gotas de vapor, hasta lograr escapar por una ventana hacia el cielo, y allí encontró a otras muchas gotas. Eran tantas, que se apretaban y apretaban y muchas se metían unas en otras y engordaban y crecían, hasta que se hicieron pesadas y cayeron a la tierra y desde allí, corrieron en torrente hasta el río. De nuevo vio la gota de agua que estaba como al principio. Y esta era una de las muchas veces que lo había intentado; pero estaba contenta, pues no siempre era igual lo que ocurría.

Una unidad de consciencia del Ser Planeta Tierra hablaba así con otra unidad de consciencia:

¿Sabes? No sé de dónde vengo ni adónde voy. No sé quiénes son los padres de mi espíritu, ni hacia donde vuelan. No sé nada sobre mí mismo y, sin embargo, llevo dentro la incertidumbre de las preguntas de todos estos porqués. ¿Tú qué me responderías?

Y la otra unidad de consciencia le contestó:

Nosotros somos parte de un Gran Todo al que no alcanzamos a vislumbrar. Somos parte de un Ser del que se nos escapa la amplitud de su vida. Yo pienso que aquello que piensa en mí es "Él Mismo" que lo hace desde mi particularidad. Tanta grandeza me absorbe y lucho por abarcarla con mi pobre mente; pero ésta es tan limitada como limitada es la mano de un niño para tocar una estrella. Estoy esperando la aclaración de la muerte.

Y, dicho esto, guardó un largo silencio y después continuaron hablando; pero no podían volar más allá del marco de las palabras y los conceptos.

Una idea fija le decía a una idea cambiante:

No comprendo cómo te sales una y otra vez del camino que marcan las normas. ¿Qué existe más allá de las estructuras que yo tengo? No puedo romper mis esquemas, porque con ellos me he construido mi casa, la que me protege de todas las incertidumbres cambiantes de la vida. ¿Cómo puedes tú vivir hoy aquí y mañana allá? ¿De dónde recibes el calor y la fuerza para sentirte segura?

Y la idea cambiante se paró un momento, cosa rara en ella, y le contestó:

Al ser que nos posee, ambas le servimos para su desarrollo, puesto que en ti solidifica lo que en mí avanza y busca.

Una nube de mosquitos jóvenes se acercó a un estanque. Y estaban todos muy contentos porque eran hijos del mismo ser y todos juntos eran una prolongación de ese ser. Y miraron hacia abajo y recordaron aquel mundo más denso, donde habían vivido una vida distinta a la que ahora poseían, y estaban gozosos de haber salido de allí y poder volar en un mundo más amplio y maravilloso.

Y se decían unos a otros:

Ahora comprendo mi afecto por vosotros y mi sentir por vosotros. Éramos de un mismo principio y formamos una gran familia en este mundo del cielo. Este mundo soñado donde la luz nos envuelve y el cristalino ambiente nos reconforta. Algún día, cuando la mano de la existencia nos llene de fecundidad, bajaremos a la superficie de ese mundo del estanque para depositar en él los huevecillos de nuestra expansión para seguir creciendo.

Le decía el espíritu de un nogal a un loco visionario que se le acercó con una vara y, dándole violentamente, hacía caer las nueces para luego recogerlas:

¿Acaso no ves que me estás haciendo daño? ¿No comprendes que me hieres y me martirizas?

Y el loco dijo:

Si no te desprendes de tus frutos y los retienes con fuerza, no tengo más remedio que obligarte a hacerlo. Si tú los dejaras caer, te evitarías todo esto.

Y continuaba apaleándolo.
Y el nogal le respondió:

¿Pero no comprendes que aún no han madurado lo suficiente mis frutos como para poderse desprender e iniciar una vida propia? ¿No comprendes que, cuando están maduros, la misma Santa Naturaleza los desprende con sus manos

y los deposita sobre la Madre Tierra? ¿Qué culpa tengo yo de que tú no tengas paciencia? ¿Y qué culpa tengo yo de que tú no me conozcas?

Y el loco se paró un momento y dijo:

Mi hambre y mi necesidad viven en otro tiempo distinto al tuyo y mi estómago no distingue la nuez que tú echas al suelo de la nuez que yo vareo. Por otra parte, dentro de poco entrarás en tu sueño y ¿qué te importará el dolor de este palo? ¿Y qué te importan las partes de ti que se duerman para siempre?

Y el nogal le contestó:

Lo único que puedo contra ti es hacerte amargo mi fruto, porque no lo tomaste cuando cae sobre la tierra, sino que lo hiciste cuando aún pende de mí y aún no puede independizarse porque no está completo en sí mismo. Pero veo que tu hambre no tiene en cuenta a las infinitas bacterias que viven en el hogar de tus

intestinos y que tendrán que trabajar más de la cuenta para asimilar mis frutos verdes.
¡Que la paz te acompañe, hijo del hombre!
¡Que la paz te acompañe a ti y a todos tus hermanos! A fin de cuentas, también con vosotros han hecho y hacen lo mismo.

Y, dicho esto, se calló; pero el loco visionario continuó vareándolo y al rato se había olvidado y no sabía si aquel diálogo pertenecía a la realidad o a la fantasía.

Entre los pliegues que forma el tiempo sobre la piel de un nogal se encontraron un grupo de arañas. La de mayor edad de todas ellas dijo:

Mi felicidad es infinita porque todas hemos coincidido casi por azar en esta parte de este maravilloso ser donde encontramos cobijo y alimento, calor y conocimiento. Habladme por favor de vuestras experiencias y de cómo veis y vivís vuestro entorno. Deseo enriquecerme con puntos de vista a los que yo no alcanzo por estar en otros lugares. Deseo acercarme desde mí a vosotras, ver cómo veis a este Gran Todo que nos envuelve y del que somos una ínfima parte consciente.

Y otra araña contestó:

Pues, ya que lo deseas, te comentaré lo que hemos pensado un grupo de arañas: el otro atardecer salió la conversación sobre por qué hemos de engañar a esos seres que nos sirven de alimento para que caigan presos en nuestras redes invisibles. Y yo, particularmente, pensaba

en la incertidumbre que trae a mi corazón el
pensamiento de no jugar limpio.
Comprendo el móvil profundo que me hace ser
así por mi propia forma de ser intensa y por lo
que me han enseñado a ser desde pequeña.

Y otra araña se metió en la conversación
para decir:

Ahora que habláis de este tema, os podría acla-
rar que yo, desde hace mucho tiempo, le estoy
dando vueltas en mi cabeza y, tanta fue mi ne-
cesidad de encontrar una respuesta, que hablé
con este gran ser que nos cobija para que me
dijese su parecer.

Ante esta afirmación todas se quedaron expectantes, puesto que hasta entonces nadie se
había planteado el hecho de hablar con el espíritu del nogal, y muchas arañas pensaban que era
imposible mientras otras lo veían posible.

Y la araña continuó:

Pues ocurrió que me apreté fuertemente sobre su cuerpo para escuchar su vibración y logré poner a todo mi ser en esa vibración. Fue entonces cuando me adormecí y vi a un ser azul que me tocó toda y me dijo: ¡Oh, hermoso ser que me has tomado por parte tuya y de mí has hecho tu casa! Gracias te doy por cuanto me cuidas y transformas de mí ciertas energías que necesito modificar para mi equilibrio general. Gracias de nuevo y paso a aclarar la duda que se plantea esa parte de ti, escudriñadora e inquieta, que tanto se mueve y tanto busca el equilibrio. En primer lugar te diré que existe una gran diferencia entre tú, como todo que eres, y la parte de ese todo que experimenta a través del vehículo planetario que ahora vistes y que está subordinada a su particularidad. Si en ti ha nacido esa pregunta, es prueba de que te estás despegando de él y, aunque estés en él, sabes que eres algo más que eso. Y ese algo más es lo que te permite verme y dialogar conmigo.

Uno, que era considerado como loco por los hombres porque de su boca salían ideas extrañas y que hacían pensar, cosa ésta cada vez más rara entre los humanos, se acercó una noche a un amigo y pasearon por el campo, viendo a lo lejos las luces de varios pueblos, y así le decía:

Mira: cada pueblo es como una galaxia, en este ciclo de tierra, y nosotros somos estrellas que la habitamos. Figúrate que ahora somos dos estrellas que han salido de una galaxia y caminamos hacia otra galaxia para llevar energía de una a otra.

Y el otro lo miró muy pensativo y le respondió:

¿Sabes lo que te digo? Que lo que ilumina al pueblo no es lo más vivo de él. ¿Y si ocurriera lo mismo en el cielo? Estas ideas me han abierto muy amplios horizontes.

Y así continuaron hablando el loco y su amigo el loco.

Un burro hablaba así con un grupo de burros, en un establo donde se les servía la comida y donde dormían:

¿Sabéis que me ha ocurrido algo realmente extraño? Por primera vez me he respondido de forma satisfactoria a la pregunta que continuamente, durante casi toda mi vida, me ha llenado de dudas: ¿qué utilidad tenemos nosotros, los burros?

¿A qué conclusión has llegado? —le preguntaron los demás muy interesados.

Y el burro les contestó:

Me he dado cuenta de que servimos para transportar cosas de un lugar a otro y de que nos guían.

¿Y qué es eso? —le preguntaron expectantes.

Nosotros trabajamos para otros seres y, cuando pensamos que somos libres caminando hacia donde vamos, lo que realmente ocurre es que nos guían y nos dirigen.

Gracias te doy, mi hermano mayor, porque, pudiendo haberme matado con tu fuerza, me reservaste para la vida.

Gracias te doy, amigo, porque, pudiéndome haber ignorado como un ser insignificante, me has prestado atención y me hablas con tu pensamiento, y me calientas con tu cariño.

Gracias te doy, mi hermano, porque me has hecho sentir que nuestro común Padre Creador está más cerca de mi corazón y a través de ti me protege y me cuida. Yo procuraré en mi pequeñez darte algo y en mis pocas fuerzas, en comparación contigo, serte útil. Gracias.

Así le hablaba un mosquito a un niño.

Un coche le decía a otro coche:

Hermano, nosotros somos seres libres que no necesitamos que nadie nos conduzca.

Un ser del nivel Arhahamanara, o a lo que los seres humanos suelen llamar estrella cuando lo miran desde su nivel de consciencia, se acercó a otro Arhahamanara y le dijo:

He llagado a la conclusión de que todo está lleno de vida y que cualquier parte, por insignificante que sea, tiene consciencia de sí.

Y el otro le contestó:

Te equivocas, somos nosotros los únicos seres que pensamos que somos dentro de este Gran Todo.

Dos gotas de agua, que iban en una nube, dialogaban así. Una a otra le decía:

¿Qué nos deparará el destino cuando nos suelten? Sueño con acariciar, al menos por un momento, una hoja de un árbol y después poder resbalar tranquila por su tronco hasta ser embebida por la tierra.

Y la otra le contestó:

Yo desearía caer directamente al río o al mar y fundirme con otras y sentirme una con todas.

Y la otra le respondió:

¿Qué experiencia nueva vas a llevar de tu viaje, si has llegado desde el principio? Yo, sin embargo, viajaré por infinidad de vicisitudes hasta llegar al río y después al mar o, tal vez antes de que esto ocurra, me evaporaré mil veces y, una y otra vez, volveré al cielo para caer de nuevo. ¡Qué alegría me da llevar mi alegría al acariciar todo cuanto toque! ¡Qué alegría me da!

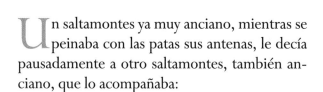

Un saltamontes ya muy anciano, mientras se peinaba con las patas sus antenas, le decía pausadamente a otro saltamontes, también anciano, que lo acompañaba:

> *Fíjate todo lo que abarca nuestra vista; pues, según dice nuestra tradición, esto por todas las partes no tiene fin. ¿Tú lo comprendes? ¿Cómo es posible que esto no se acabe? No puedo comprenderlo.*

Y el otro saltamontes respondió:

> *Según cuentan los más sabios de nuestros antepasados, si partiéramos desde aquí saltando en línea recta, llegaría un tiempo en que podríamos volver a este mismo sitio. ¿Cómo puede ocurrir esto?*

Existen unos seres que viven en las orillas de las nervaciones de las hojas por donde fluye la savia y donde toman el aliento de la vida de manos del aire y la adentran en sus interioridades. Estos seres son muy tradicionales. En cierta forma se asemejan a los humanos, aunque entre ellos no existen términos como: mío, yo, tuyo, etc. Ellos poseen una conciencia grupal y dicha conciencia es presente en cada uno de ellos, de tal forma que uno de ellos está en todos y todos están en uno de ellos.

Un día observé cómo hablaban entre sí, aunque, como digo, no necesitan hablar entre sí, porque dentro de uno están todos y todos están dentro de uno. Tampoco necesitan ir, porque cada uno está en su sitio. Ni se plantean tener, porque son. Pero, para entenderlo, trataré de traducir su diálogo:

Algo ocurre. Notamos fuera de nosotros un cuerpo extraño a nuestros principios. No es el hermano viento, que a veces nos viene, es algo más pesado y lleno de belleza. Algo nuevo lleno de calor y sabiduría, pero que impide que fluya la savia con la pureza acostumbrada y que nos impide realizar nuestro cometido.

En aquel momento estaba yo con mis dedos acariciando aquella hoja.

El Manu Blanco le dijo al Manu Rojo:

Tú has trabajado sobre la Conciencia de la Tierra con la circunferencia; yo trabajaré con la recta. Tú has desarrollado la síntesis; yo desarrollaré el análisis.

Y el Manu Rojo le dijo:

Si trabajas con la recta, te preguntarán cuál es su principio y su fin. Yo, sin embargo, en la circunferencia lo englobo todo en sí mismo.

Y el Manu Blanco le respondió:

Un trozo de recta no es sino una parte de la circunferencia cuyo radio es infinito.

Y el Manu Rojo dijo:

¿Pero crees que los que portan el conocimiento lo sabrán?

A lo que respondió el Manu Blanco:

He escogido dentro de mí a Subrazas que mecánicamente portarán el conocimiento de la Raza, para que aquellos que ven lo puedan descubrir en el Libro de la Tradición y lo puedan ampliar.

Un loro hablaba un día con un ser humano y le dijo:

Yo puedo imitar perfectamente vuestros sonidos y de ello me siento orgulloso.

Y el ser humano le contestó:

¿Pero de qué te sirve imitarlos si no sabes lo que significan?

A lo que el loro le repuso:

¿Pero, aparte de ser sonidos bellos, a vosotros os dicen algo? Enséñame por favor lo que dicen.

El mundo de las arañas es un mundo especialmente singular. La función que tiene su telaraña, independientemente de buscarse el sustento a través de ella, es la de permitir que ciertas energías vitales se enlacen y puedan pasar de un lugar a otro. Ellas tejen continuamente y van dejando en su camino un hilo de telarañas que, para los ojos humanos, es perfectamente definido.

En medio de una gran telaraña perfectamente hecha, me encontré con dos arañas ya ancianas, que estaban, parece ser, discutiendo.

Una le decía a la otra con cierta arrogancia:

Siempre hemos creído que es la oración de nuestro esfuerzo y nuestro trabajo lo que permite que el cielo nos mande el alimento que necesitamos y no las fantasías que tú me cuentas.

Y la otra le contestaba más calmadamente:

Te vuelvo a repetir que mis deducciones, basadas en mi observación, me han hecho llegar a la conclusión de que este alimento no nos lo manda fortuitamente el cielo, sino que, al construir nosotros esta telaraña, cerramos un espacio en el que, al intentar pasarlo, los insectos quedan atrapados.

Un anochecer, cuando la luna estaba justo en el centro del cielo rodeada de todas las estrellas, oí que hablaban entre ellas un grupo de cornejas.

Una decía a las otras:

¡Sufrimiento… sólo sufrimiento! Por cualquier lado que miras tan sólo encuentras sufrimiento en esta vida. Hay momentos en los que me envuelve la desesperación, porque mi mente no alcanza a comprender el porqué de nosotros y el porqué de todas estas cosas, entre ellas el sufrimiento.

Y otra corneja alzó la voz y dijo:

¿Y os habéis planteado alguna de vosotras qué es esto que existe dentro de nosotras y nos hace ser conscientes de todo cuanto nos rodea y nos hace hasta cuestionarnos estas preguntas?

Y una pequeña, pero ya muy anciana, con voz baja dijo:

EL LENGUAJE DE LA VIDA

He llegado a la conclusión de que este instrumento que existe en nosotras, que nos hace cuestionarnos tantas cosas, no es sino un aparato incorporado a nuestra presencia con el fin de equilibrar los desequilibrios en los que cada vez cae con más fuerza el mundo de fuera. Este instrumento, al que suelen llamar mente, no tiene otra función, sino la de justificar en nosotros actitudes que en un entorno normal y equilibrado crearían tales remordimientos de conciencia, que nos impedirían vivir en la armonía que necesitamos.

Cayetano Arroyo

Le dijo un chopo a un pino:

Observo que siempre estás verde y a ti no te hace daño la mano adormecedora del otoño. ¿Cuál es tu secreto?

Y el pino le contestó:

Ciertamente, he logrado mantener mis pensamientos fijos por encima de la incertidumbre de las circunstancias. Mi secreto es que, antes de dejar caer una hoja, ya existe otra que la puede sustituir.

S e contemplaba una flor de tulipán en el borde de un río y decía:

¿Seré yo esa que veo? ¿Cómo es posible que sea tan distinta al resto de este ser que me contiene?

Y el río le contestó:

Donde te ves a ti misma también te llena por completo. Tú no eres sino agua vestida por el sol y besada por la tierra y el aire y, cuando te miras en mí, fíjate si te ignoras, que te desconoces y hasta piensas que eres una realidad aparte de la mía.

Una nuez le dijo al nogal:

¿Cómo es que me tiras de ti? ¿Acaso ya no me quieres? Me tratas con todo el cariño y el amor del mundo, me das tu sangre y después me alejas de tu presencia. ¿Por qué?

Y el nogal le contestó:

No soy yo quien te aleja de mí, sino la Mano de la Naturaleza en muchos casos y otras más la mano del hombre. Pero, cuando te vas de mí, te me llevas todo y en ti puedo llegar a otras partes.

Un escarabajo hablaba con otro y le decía:

Cada vez veo más maravilloso este Todo que nos envuelve y donde somos una parte.
Cada vez me admiro más ante tanta majestad y tanto equilibrio. Cada vez me quedo más mudo ante la comprensión de todo cuanto encierra esta vida.

Y el otro escarabajo le respondió:

Lo que no tiene límite no trates de amarrarlo entre palabras. Lo que no se puede abarcar no trates de sujetarlo al límite de nuestra comprensión. Lo que no tiene principio no lo agarres a nuestra propia mente. Apenas conocemos nuestra función, ni vemos el porqué nuestro, en medio de todo esto. Apenas si somos seres que andamos a escondidas en las manos del valle.

Así hablaba el hada de un ciprés:

Existe un camino entre las estrellas del cielo que me es conocido porque, cuando aparece el atardecer, me introduzco por la línea que se abre entre la noche y el día y me elevo hasta ellas. Y, cuando vuelvo a este cuerpo, todo permanece como una ligera niebla para los ojos de mi espíritu y la memoria me pone una puerta entre ese mundo y el mío de aquí.

Pero, cuando por las noches miro a las estrellas del cielo, viene a mí como un lejano recuerdo y, a veces, me hablan de otro tiempo que está dentro de este tiempo. Pero es un tiempo abierto y no cerrado entre los muros de este mundo.

Un grano de arena le dijo a un grano de trigo:

*Soy sólo un grano de arena pequeño e insig-
nificante, porque mi activo y mi pasivo están
abrazados en mí sin conocerse.*

*Llegará el día en que nos separemos para am-
pliarnos y podremos aparecernos a ti y, más
adelante, cuando después de incontables vueltas del Tiempo volvamos a unirnos, nuestra
unión habrá formado un mundo y, plenamen-
te conscientes de Todo en nosotros, seremos un
creador.*

U n gorrión le dijo a otro:

Nunca, en toda mi larga vida junto a ti, te he visto criticar a nadie. ¿Por qué?

Y el gorrión le respondió:

Si critico a alguien, estoy descubriendo mis propias debilidades.

Una gaviota, aprovechando que toda la bandada estaba reunida al despuntar el día, se dirigió a ella y empezó a decir cómo debía ser la pesca ideal y cómo el comportamiento ideal de cada gaviota.

La más anciana de todas ellas la dejó hablar y después, cuando terminó, le dijo:

¡Qué bellos se ven los peces desde fuera del agua!

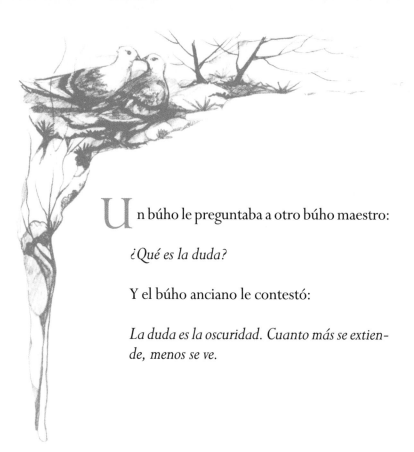

Un búho le preguntaba a otro búho maestro:

¿Qué es la duda?

Y el búho anciano le contestó:

La duda es la oscuridad. Cuanto más se extiende, menos se ve.

Un búho le preguntó a su búho maestro:

¿Dónde está el camino que me lleva a mi interior?

Y el búho le contestó:

Ese camino está donde fijes la atención, siempre y cuando no dudes de tu propia atención, comparándola con la del vecino.

Le preguntó un ser humano a otro que era sabio:

¿Por qué ángulo puedo yo salir de una habitación cerrada?

Y el otro le respondió:

Por el ángulo del pensamiento.

L e preguntó en cierta ocasión un discípulo a su maestro:

¿Dónde puedo contemplar mi interior?

Y él le respondió:

Cada uno de los que te rodean es un espejo donde puedes mirarte en tu interior de una forma determinada y en una faceta distinta.

En cierta ocasión, un gorrión le preguntó a un jazmín:

¡Dime cómo nace de ti ese perfume que se eleva en el ambiente y nos habla a todos del Amor!

Y el jazmín le contestó:

Dime cómo nace de tus alas el vuelo que te remonta en el aire y te aleja o te acerca a mí. Dime cómo transformas lo que comes en fortaleza para tu vida. Dime por qué eres lo que eres y no otra cosa.

Y el gorrión no supo contestar, pero se llevó la sin-respuesta a su pregunta.

S i supieras —le decía un lirio a otro— si supieras cómo espero la Mano del Sol que me expanda y abra mi corazón para ofrecer todo mi esplendor al mundo.

Y el otro le contestó:

Apenas un momento durará tu gozo y pronto serás ajado por la Mano del Atardecer y deshecho por la Mano de la Noche. Todo cuanto deseas es como una transitoria ilusión.

Y el lirio, de nuevo, respondió:

No dejaré que el futuro deshaga mi presente lleno de gozo ni dejaré que el tránsito del tiempo ahogue en mí la ilusión de dar algo bello al mundo, porque, durante un instante eterno en sí mismo, habré contribuido a que esté más bello el jardín de la vida.

El águila se enamoró de una lechuza y, durante el lapsus de tiempo que es, a la vez, de día y de noche, la lechuza le decía al águila:

> *Amada mía, no sabes cuánto deseo que venga la noche para poderte ver tal como eres.*

Y el águila le respondió:

> *Mi amada, estoy deseando que venga el día para verte tal y como eres.*

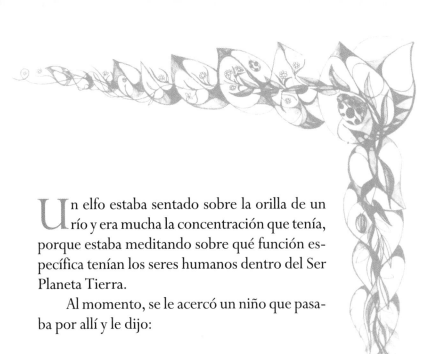

Un elfo estaba sentado sobre la orilla de un río y era mucha la concentración que tenía, porque estaba meditando sobre qué función específica tenían los seres humanos dentro del Ser Planeta Tierra.

Al momento, se le acercó un niño que pasaba por allí y le dijo:

¡Hola! Tú debes ser un Elfo, de los que hablan los cuentos y los libros antiguos. Yo soy un hombre que aún no es mayor y, por ello, tengo tiempo para jugar y soñar. ¿Y tú qué haces?

Y el Elfo, que no se esperaba aquella visita, le contestó:

¿Cómo es posible que me veas, si tan sólo estoy dentro de mí? ¿O acaso tú eres una creación mía que se ha exteriorizado?

El niño se sentó a su lado y sonriendo le dijo:

Estás pensando en mí, ¿verdad?, y por eso he venido. Yo te deseo y por eso estás. Tú y yo, yo y tú, no sabemos nada sobre nosotros; pero somos aquí y ahora.

Y se pusieron a jugar.

Una mariquita se posó sobre una hoja. La hoja se estremeció con su peso y le dijo:

¿Qué deseas de mí, que vienes a despertarme en mi equilibrio?

Y la mariquita le respondió:

Te he escogido a ti entre cientos de hojas para que guardes a las que serán mis futuras crías y después te ofrezcas como alimento para ellas.

Y la hoja le contestó:

Realmente se regocija todo mi ser cuando pienso que te seré útil y que, con el consentimiento del ser del que soy una ínfima parte, podré algún día volverme alada en muchos cuerpos como el tuyo y surcar el aire y verlo y sentirlo desde vosotras.

L e preguntó una oruga a una mariposa:

¿Qué hay al otro lado del Silencio? ¿Por qué mi vista no alcanza a traspasar la muralla que me pone este cuerpo?

Y la mariposa desapareció de su presencia y al momento volvió a aparecer. Y le dijo:

¿Sabes dónde he estado?

Y la oruga le respondió:

No, no se dónde has estado, porque de pronto te has vuelto nada ante mis ojos.

Y la mariposa le dijo:

Simplemente, me he elevado en el aire que respiras por un ángulo que tú no alcanzas a comprender. Le solemos llamar entre nosotras otra dimensión o Tercer Plano de Existencia. Y fíjate lo inmenso que es El Todo, que aún hay otras muchas dimensiones que no se alcanzan a contar.

Y la oruga, cada vez más maravillada, le dijo:

Siento celos de ti, porque libremente ves cosas que para mí están vedadas. Siento celos de ti, porque dominas mi tiempo y juegas con él como juega el aire con una hoja seca. Dime, ¿qué he de hacer para llegar a donde tú estás?

Y la mariposa le contestó:

Yo no hice nada por ser así. Simplemente, un día me desperté y ya era como soy. Igual te pasará a ti.